AF338308

CHARLES RUELLE

AUTEUR DE LA SCIENCE POPULAIRE DE CLAUDIUS

COMMUNICATION

A SES AMIS

CONNUS ET INCONNUS

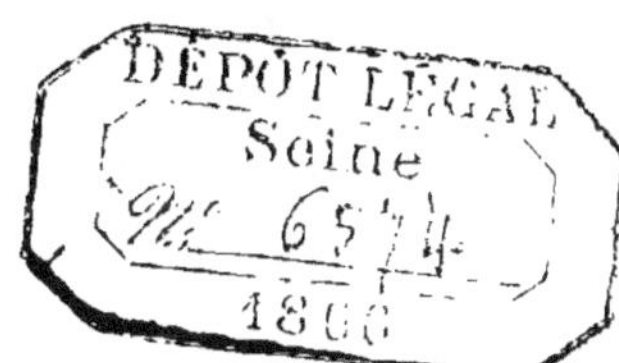

On me pardonnera de parler à la première personne dans cette Communication à la Descartes. Elle s'adresse à mes maîtres, à mes vieux camarades, à mes anciens collègues, à mes anciens élèves, et aussi aux personnes qui ont lu avec intérêt quelqu'un des ouvrages que je vais rappeler.

Je puis m'adresser à mes anciens élèves; ils sont aujourd'hui des hommes. Les plus jeunes d'entre eux (Napoléon-Vendée, Cours de Seconde, 1857-1858) ont de vingt-quatre à vingt-cinq ans. Les plus âgés (Lille, 1841-1842, Cours de Rhétorique) n'ont pas moins de quarante-deux à quarante-trois ans.

Par la *Science populaire de Claudius*, je m'adresse à des souvenirs plus anciens. Beaucoup de ceux qui l'ont appréciée tout d'abord, dans la maturité de l'âge, ne sont plus[1]. Toutefois et ceux qui lui font encore honneur d'avoir initié leurs enfants à des pensées, à des connaissances trop peu répandues, et ceux qui, de 1836 à 1841, sortis à peine de l'adolescence, ont cru devoir à ces simples causeries de sciences et de lettres une direction utile, — savent qu'elles ouvraient dès lors certains jours sur les études qui fixent aujourd'hui l'atten-

---

[1] Faut-il nommer Béranger, MM. de Lasteyrie, de Gérando, Jomard, Francœur, N. Vieillard, Dupin, Alex. Brongniart, J. J. de Bure, Duchesne aîné, Constancio, S. Cahen, L. Dubeux, Ch. Magnin, Artaud, Victor Le Clerc....

tion. Il suffit de rappeler les volumes intitulés : *Variations de l'histoire, Histoire des Francs de Grégoire de Tours, Mémoires du sire de Joinville, Voyage de Marco Polo, Voyages de Magellan et de Drake, Maladies mentales, Pompéi et Herculanum, Histoire de la terre, Histoire de la Bible, Lecture de la Bible, Obélisque de Louqsor*.

J'ai dû m'arrêter, il y a vingt-cinq ans, sur le seuil de ces recherches. Le volume *Sur l'Évangile*, composé en 1838 et resté inédit, fera connaître, s'il est publié quelque jour avec le jugement que voulut bien en porter Béranger, à quel point j'étais arrivé. C'est le point même où j'ai repris dernièrement cette étude en mettant à profit les remarques faites à part moi, ou en compagnie de quelques chercheurs, comme nos départements en comptent plus qu'on ne pense, pendant vingt ans d'un professorat dévoué.

Un Écrivain que l'enseignement n'a pas retenu, chez qui l'érudition n'a rien ôté à la pensée philosophique, laissant, chose rare, à l'imagination elle-même sa fraîcheur, a forcé en quelque sorte depuis 1863 les esprits mêmes les moins réfléchis à s'enquérir de certaines vérités. Il a, comme on l'a dit, saisi le monde entier d'une question, à laquelle nos essais nous avaient du moins préparé. Faut-il penser que ces essais mêmes ne lui étaient pas restés étrangers? que, dès sa quinzième ou seizième année, les volumes que je rappelais tout à l'heure lui avaient pu faire connaître le célèbre chapitre du *Tractatus* sur la langue et la critique hébraïque (tome VIII de la *Science populaire*), le passage si lumineux de M. Leroux sur l'influence historique des études orientales (tome IV); qu'ils lui avaient pu faire entrevoir les perspectives qu'une interprétation bienveillante et intelligente découvre à chaque pas dans les récits toujours si franchement métaphoriques de la Bible (tome XVII), et enfin ce que pourrait être la révivification des temps passés par un pinceau à la fois sévère et sympathique (tome IV, pages 25-42)? Jamais plus modestes germes n'auraient trouvé un plus heureux sol. Mais rapprochons-nous de la présente année.

On sait l'émotion que le livre de M. Renan a produite partout.

On a pu voir dans les *Lettres d'un Laïque* (Première Lettre) l'idée que nous nous sommes faite de la portée de ce livre.

Toute appréciation à part, nous y avons noté deux choses capitales :

1° Que la question était, cette fois, posée au nom de la Science ;

2° Que la question était ramenée sur un terrain abordable pour tous, le terrain historique.

En un mot que, désormais, elle était soumise à un autre contrôle que celui de la théologie.

Il résulte de la Deuxième Lettre, que la théologie ne peut accepter le point de vue auquel se place M. Renan ; que M. Renan ne peut admettre le point de vue de la théologie.

Quel tiers pourrait donc prononcer entre eux, et nous tirer d'incertitude ?

Un seul, à savoir les textes mêmes auxquels M. Renan et les théologiens s'en réfèrent également.

Assurément, comme je l'ai écrit, « on ne se doutait pas, en pressant le Laïque de lire le livre de M. Renan et de dire ce qu'il en pensait, que, pour répondre à cette demande, il ne faudrait pas moins que revoir le Pentateuque, les autres livres de l'Ancien Testament, ceux du Nouveau, que ce ne serait même pas assez encore si, par suite d'une lecture réitérée de ces textes, leur rapprochement spontané ne venait enseigner à les comprendre, ouvrant un jour nouveau qui dissipe certaines obscurités et mette fin à de longues disputes ».

J'osai affirmer que si on apportait à cette lecture réitérée des textes un esprit affranchi de tout engagement préjudiciel, on les verrait peu à peu « s'éclairer et de la lumière qui leur est propre, et de la lumière qu'ils se prêtent mutuellement, et de celle qui leur peut venir des autres monuments antiques » :

J'allai jusqu'à écrire ces lignes :

« Si quelque part en l'un des livres juifs est, — enfermée et cachée dans la lettre, — l'idée même qui constitue la Bonne Nouvelle, l'idée mère, l'idée génératrice d'où le reste dérive, à quoi tout se rattache, par quoi tout s'explique, Psaumes, Prophètes, Prédiction à jour fixe de Daniel, Apocalypse, Évangiles, jusqu'au *Pater*, dans lequel les Évangiles se résument, cette idée peut apparaître au plus humble chercheur dans une étude libre et sincère. »

J'ajoutai : « Et pourquoi n'en serait-il pas ainsi ? Les faits du rapprochement desquels cette idée a pu jaillir un jour, comme perce le premier rayon au lever du soleil, ces faits passant, repassant devant nous, ne peuvent-ils se trouver d'eux-mêmes rapprochés de telle sorte que la même lumière en jaillisse, éclairant d'un seul coup tout l'horizon évangélique ?

« Qu'il y ait une idée constituante et dominante qui, bien que restée inaperçue, soit l'âme des Évangiles, qui permette de voir de quoi ils sont formés, d'assister même au travail de leur formation, c'est ce qu'on ne peut établir qu'en la montrant.

« Une telle idée étant le centre autour duquel les idées accessoires ont dû se grouper par une attraction naturelle, les attirerait derechef, et nous les ferait ressaisir toutes avec ordre et clarté.

« Au reste, disais-je plus loin, si, dans les Écritures, la pensée qu'on peut appeler essentiellement évangélique s'est longtemps dérobée aux regards, ce pourrait être qu'on eut soin, dès le principe, de la tenir dans l'ombre, et aussi que les prescriptions mosaïques étaient l'endroit où l'investigateur devait le moins songer à la trouver. »

Dégager le sens « intime et secret » des textes qui « évangélisent » avant ou après Jésus (*Lettres d'un Laïque*, page 62); suivre le conseil que les Évangélistes mettent dans la bouche de Jésus lui-même (page 149); résoudre ainsi, dans ce qu'elles ont de fondamental, les questions historiques que soulève l'Encyclique du 8 décembre (page 253); ne s'éloigner du livre de M. Renan qu'afin d'y revenir avec un *criterium* qui permette de l'apprécier justement : voilà certes une grande tâche. Mais qui suis-je pour la remplir? Qui suis-je pour faire espérer « un jour nouveau qui dissipe certaines obscurités »? pour demander à l'histoire une de ces lumières que, par une réserve bien rare, le Vicaire savoyard déclarait « attendre »[2]; que Pascal semblait pressentir[3]? pour signaler des *faits* près desquels les hommes les plus savants, les plus indépendants, seraient passés, qu'ils auraient même fait entrevoir, et auxquels, par suite du plan de leur œuvre, ils n'auraient pu s'arrêter?

Que ne donnerait-on pas pour avoir le mot de ces contradictions énigmatiques qui ont fait jusqu'à ce jour la torture de tant d'âmes sincères, et que Rousseau a résumées dans les lignes suivantes : « L'Évangile a des caractères de vérité si grands, si frappants, si parfaitement inimitables, que l'inventeur en serait plus étonnant que le héros. Avec tout cela ce même Évangile est plein de choses incroyables, de choses qui répugnent à la raison, qu'il est impossible à tout homme sensé de concevoir ni d'admettre. » Il s'agit donc d'énoncer ce qui concilierait l'inconciliable, ce que dix-huit siècles

---

[2] « En attendant de plus grandes lumières... » *Emile,* liv. IV.

[3] « Il y a clarté à trouver. Cherchez-la. Il faut donc voir cela en détail. Il faut mettre papiers sur table. » *Pensées,* pag. 328, édition de M. Havet.

Voyez également *Lettres d'un Laïque*, page 150, note 3.

n'auraient pas dit. Qui suis-je pour essayer de faire connaître ce qu'ils ont tu ou ignoré?

Mes amis, mes lecteurs, ne pensent pas que je veuille en imposer. Ils savent que c'est un homme honnête et sans ostentation qui leur parle, embarrassé seulement, ici, de paraître, contre sa pensée, prétendre à un rôle quelconque, ne voulant ni amoindrir des *observations de faits* qui lui semblent réelles, ni s'exhausser. Que dire en effet de celui qui trouve une pièce d'or dans un chemin où d'autres ont passé avant lui? Rien, sinon que sans doute, en ce moment-là, il marchait la tête baissée[4].

Quelle suite de rencontres imprévues, de remarques sans portée apparente, sans liaison visible, recueillies le plus souvent sans but déterminé et au jour le jour, a pu amener un disciple obscur de maîtres honorés à distinguer réellement ce qui s'est trouvé échapper à des yeux plus exercés? Peut-être l'ignorance, une ignorance relative, est-elle à mettre en ligne de compte. Celui pour qui des régions explorées cent fois sont un pays nouveau, peut être frappé de certaines particularités que l'habitude empêche de remarquer. De plus, une ignorance qui se connaît ne peut songer à grouper en un seul corps les faits qu'elle recueille de côté et d'autre : elle les laisse se débrouiller entre eux, se reconnaître, se ranger, se rapprocher ; elle s'abstient d'intervenir. Cette abstention, plus utile parfois que toute velléité de systématisation, lui est commandée par le sentiment de sa faiblesse. Peut-être encore a-t-il fallu de ces événements qui sont trop cruels pour que la volonté les crée, de ces alternatives de mal et de mieux, de ces expériences amères, où le mieux même et ce qu'il enseigne sont chèrement achetés. Qui pourrait d'ailleurs méconnaître ce qui est dû aujourd'hui, en toute étude d'histoire religieuse, d'une part à tant de savantes excursions des trois derniers siècles sur les pas de la philosophique antiquité, d'autre part à tant de beaux travaux contemporains, enfin et surtout à la vive, à l'immense impulsion imprimée récemment à l'esprit public par un seul livre, celui de la *Vie de Jésus?*

---

[4] Les choses les plus simples sont trop souvent, suivant la remarque de Fontenelle, les dernières auxquelles on arrive. Comment une fausse dent à crochet métallique, séparé fortuitement par la langue de quelque autre métal, n'a-t-elle pas révélé, avant Sulzer et Volta, le secret de la Pile? Dans une autre sphère, que n'avait-on pas dit sur le prodige de l'invention de l'écriture, avant que la lecture des noms propres égyptiens par Champollion le jeune eût dévoilé l'origine toute naturelle de l'alphabet?

Il se peut donc, même en des conditions peu enviables de savoir et de fortune, ou au milieu de circonstances qui semblent le plus contraires, que, cherchant une vérité historique en toute sincérité, sans se presser de l'atteindre, et cependant avec une sorte de foi instinctive qui persiste contre toute espérance, il se peut qu'on la voie apparaître et se dégager insensiblement. Ce ne sera, si l'on veut, longtemps, qu'une lueur; mais quand enfin cette vérité se montre, quand on ne peut plus se dissimuler que c'est elle, quand il ne reste ni près ni loin rien de confus, rien de contradictoire, oh! alors, il faut pardonner si, dans une sorte d'enivrement passager, ne peut être retenu le cri de la nature : c'est trouvé!

Au moment où l'observateur semblerait pouvoir être félicité, commencent pour lui les difficultés les plus grandes.

Il faut que ce qui est trouvé soit acquis à tous. Or plus une vérité est importante, plus elle tient de près aux legs du passé, aux aspirations de l'avenir, plus grand est le devoir de la rendre visible, et plus grand aussi l'obstacle.

Étrange situation : celui à qui, — dans l'hypothèse, — une vérité s'est offerte, ne doit point la garder pour lui seul ; il ne pourrait même le vouloir[5] ; et, en même temps, il ne peut la dire, du moins la dire en quelques mots, la dire en passant, d'une manière partielle et incomplète. Il ne saurait consentir à la présenter sous des traits informes. Ce serait la trahir.

Comme le diamant qui perd de sa valeur, s'il n'est convenablement enchâssé, il faut qu'une notion nouvelle, ou soi-disant telle, soit replacée dans son milieu, qu'on la voie dans tout ce qui l'entoure et la reflète. Il faut que ceux-là mêmes qui seraient tentés de se refuser à sa lumière, saluent en elle l'apaisement de querelles aveugles, et un pas de fait vers l'unité des convictions, vers l'union morale. On ne peut supposer qu'une vérité *historique* ait des adversaires ; encore est-il de règle qu'elle se fasse reconnaître, qu'elle se prouve, qu'elle se raconte elle-même avec un calme et une force qui réponde à la conscience de ce qu'elle est.

Cette explication indirecte suffit pour que ma position présente, entre une promesse faite sincèrement (*Lettres d'un Laïque,* page 63) et l'obligation de ne point la tenir à demi, soit comprise des amis du vrai à qui je parle, si, comme je l'espère, ils ne mettent ici en

---

[5] Il s'écrierait, dans le vieux langage de la Bible anglaise : « I am full of matter, the spirit within me constrainth me. »

doute ni le bon sens ni la bonne foi. J'en ai pour garant la justice même qui est rendue, des côtés les plus divers, aux *Lettres d'un Laïque* : les critiques qui ont le droit d'être le plus exigeants, ont noté ce volume pour le « solide jugement » qu'ils ont cru y reconnaître, et si, dans ces dernières années, l'on compte, en matière d'histoire religieuse, quelques œuvres de franchise, ce livre est assurément du nombre.

La tâche d'élucidation historique dont il s'agit, est difficile, mais je l'accepte; je dirai plus, je ne saurais renoncer à tenter de la remplir; et si l'on croyait devoir quelque rémunération à une existence laborieuse, je ne demanderais que de la clore par cette « mise en œuvre » de quelques-uns des résultats de trente-neuf ans d'études. Cela me paraîtrait une faveur, au-dessous de laquelle je voudrais que ne fût pas, en ce qui dépend de moi, ce que cette mise en œuvre offrirait en retour[6].

Un travail portant sur une notion qui est relative au principe historique du christianisme, sur une notion qui ne saurait être rendue manifeste que par l'ensemble des éléments dont elle se compose; un tel travail ne peut s'accomplir, on en conviendra, sans que celui qui l'entreprend s'y consacre exclusivement et concentre, « pendant quelque temps », sans partage, sur ce seul point, toute son énergie. Ce travail demande, plus qu'aucun autre, quelque tranquillité, du moins en ce qui est du ressort de la prévision. Rien n'y serait plus nuisible à la saine et fructueuse activité de l'esprit que d'être tiraillé en sens divers par des questions d'un autre ordre. On conviendra également que ce travail ne saurait se concilier, « pendant le temps que l'exécution définitive réclame », avec les morcellements qu'imposerait l'exercice actuel d'une fonction publique.

Sans entrer dans le détail, les notes à revoir, les extraits à vérifier, les livres à consulter, les observations à coordonner, le choix de la meilleure disposition des matériaux, le soin que l'expression exige, tout cela demande « plusieurs mois d'une application entière », surtout quand il s'agit d'un sujet où, tendant à la certitude, on doit éviter jusqu'à l'ombre d'une assertion fautive et même d'une allégation hasardée.

C'est là ce qui est à faire, et, — pour employer le franc, le

---

[6] C'est, on peut le conjecturer, le sentiment que Descartes exprime, lorsqu'il écrit : « Je n'ai pas aussi l'âme si basse que je voulusse accepter de qui que ce fût aucune faveur qu'on pût croire que je n'aurois pas méritée. » *Discours sur la Méthode*, VI⁰ partie.

généreux langage de Descartes, — c'est là « ce qu'il est impossible que je fasse sans l'aide d'autrui[7] ».

« Bien que je ne me flatte pas tant, écrit Descartes, que d'espérer que le public prenne grande part en mes intérêts... »

Je dirai plutôt : La notion historique « aux intérêts de laquelle je demande qu'on prenne part », ne dût-elle que suggérer des recherches plus heureuses, serait encore d'assez grand prix pour que les personnes qui ne récusent pas le témoignage que je lui rends[8], n'aient pas à regretter de n'y être pas demeurées indifférentes. De plus, les amis du vrai à qui je m'adresse ne sont pas un « public » pour qui je sois un étranger, un nouveau venu.

Descartes ajoute : « Toutefois je ne veux pas aussi me défaillir tant à moi-même que de donner sujet à ceux qui me survivront de me reprocher quelque jour que j'eusse pu leur laisser plusieurs choses beaucoup meilleures que je n'aurai fait, si je n'eusse point trop négligé de leur faire entendre en quoi ils pouvoient contribuer à mes desseins[9]. »

Sans mettre des efforts bien humbles en comparaison avec les vastes et profonds travaux d'un Descartes, je puis dire à ceux qui m'accordent quelque confiance : Je ne veux pas « défaillir tant à moi-même » que de vous donner sujet de me reprocher d'avoir laissé imparfaite et méconnaissable une vérité qui me semble « grande et utile », et que, selon vous, je n'étais pas incapable de mettre à jour. Je ne veux pas donner à mes amis connus et inconnus, à ceux qui, en France et hors de France, voudraient voir

---

[7] *Disc. sur la Méth.* VIe partie. Voici le passage : « L'autre raison qui m'a obligé à écrire ceci, c'est que voyant tous les jours de plus en plus le retardement que souffre le dessein que j'ai de m'instruire, à cause d'une infinité d'expériences dont j'ai besoin, et qu'il est impossible que je fasse sans l'aide d'autrui... »

[8] En demandant le concours des amis du vrai pour une étude dont je ne spécifie pas le « point de vue », je dois réclamer leur indulgence, une sincérité réelle pouvant seule faire excuser cette irrégularité. — Je ne doute pas que les hommes les plus éclairés ne soient les premiers à reconnaître (s'il y a lieu) ce qu'il y a de juste dans ce point de vue, lorsqu'il aura été historiquement exposé. Nous ne sommes plus au temps où il suffisait qu'une chose fût neuve pour qu'elle fût repoussée.

[9] Descartes avait dit précédemment : « S'il y avoit au monde quelqu'un qu'on sût assurément être capable de mettre à jour une grande et utile vérité », et « dans la supposition que *pour cette cause* les autres hommes s'efforçassent *par tous moyens* de l'aider à venir à bout de ses desseins, je ne vois pas qu'ils pussent autre chose pour lui, sinon fournir aux frais des expériences dont il auroit besoin, et du reste empêcher que son loisir ne lui fût ôté par l'importunité de personne. »

éclaircis les nuages qui, depuis dix-huit cents ans, offusquent la raison humaine, je ne veux pas leur donner sujet de me reprocher « que j'ai trop négligé de faire entendre » en quoi ils pouvaient contribuer à un dessein qui me paraît être la réalisation de leurs vœux [10].

C'est l'honneur du temps présent qu'on puisse offrir dans un livre, sans pédantisme et sans aucune des formes imposées par l'ancienne contrainte, des « aperceptions », des « constatations » *historiques*, restées longtemps à l'état de desideratum. La liberté historique est conquise. Quel plus bel usage, que de la faire servir à donner une vérité qui intéresse particulièrement les cœurs élevés, la vérité sur l'Évangile? Quel progrès, gage de plus d'un autre progrès! L'énigme que le sphinx moderne, différent en cela de celui de Thèbes, défendait de deviner, n'en serait plus une. Elle cesserait de peser sur les intelligences, et d'y jeter le trouble, de diviser les nations et les familles. En même temps la « vie » évangélique étant mieux connue, on y retrouverait des sentiments que la Science n'exclut pas, lorsque, d'accord avec une religion pure, elle écarte du même coup deux genres d'erreurs, la superstition et l'orgueil.

La tolérance, « condition de clairvoyance [11] », ne serait pas l'un des moindres fruits de l'éclaircissement historique que je n'ai pas craint d'annoncer, — œuvre ardue, épineuse, mais devant laquelle je ne recule pas.

Seulement l'âge, les éventualités à prévoir, la nécessité même, pour le développement d'une idée, de s'inspirer des impressions premières, font une loi de ne pas différer cet appel à des convictions sympathiques. Il est naturel, au jugement de Descartes, que ceux qui aiment la vérité, « aident » la vérité [12]. Veritatem veritatis sociam. Au reste, il ne s'agit pas, comme dans la supposition de Descartes, de « fournir aux frais d'une expérience » ni d'aucune autre dépense. Ce n'est pas une souscription, un don, qui peut atteindre le but, mais une simple avance faite à un travail histori-

---

[10] On me dit qu'il suffirait, à l'étranger, d'une lecture publique des premières *Lettres d'un Laïque*, pour que le travail historique qu'elles promettent fût « aidé » avec empressement. Ne peuvent-elles être lues, dans notre pays, devant l'auditoire que la législation restreint au nombre de vingt personnes à la fois? Tout au moins serait-il permis de présenter ainsi de vive voix cette Communication. Vox propriam vim adjicit rebus.

[11] Expression de M. Jules Simon dans son livre du *Travail.*.

[12] Il serait malséant de parler ici des sacrifices multipliés que moi et les miens lui avons faits.

que sérieux, une sorte de prêt littéraire, réparti en quotités assez peu élevées pour n'être pas à charge. Mille *adjutores* par une avance de cinq francs, ou cinq cents par une avance de dix francs, ou deux cents par une avance de vingt-cinq francs, assureraient, en une somme totale suffisante, la pleine liberté qu'il faut à l'esprit, dans un labeur de ce genre, pour une application immédiate, ininterrompue, exclusive. Sans doute le protectorat ou plutôt l'*adjutorat* de ce travail pourrait être assumé par un nombre moindre[13]. Peut-être vaut-il mieux que le fardeau soit partagé. Le point principal, — qu'il me soit permis d'employer encore un des bons vieux mots de Descartes, — c'est que tout « retardement » soit écarté; que le travailleur pour qui *plus tard* serait *trop tard,* ne demeure pas en suspens dans l'attente de la décision, qu'il lui soit loisible de se mettre à l'œuvre dès ce mois même.

Les quotités égales ou inégales seraient adressées à un Notaire[14], ou à moi-même. Je m'engage ici à les remettre aux termes et aux conditions que chaque personne voudra bien indiquer. Les noms des *adjutores* seront insérés en tête de l'ouvrage, à moins de volonté contraire formellement exprimée[15].

Les personnes qui, après avoir pris connaissance de cette Communication et en avoir fait part à ceux de leurs amis qu'elle peut intéresser, veulent bien accorder leur concours au travail dont je viens de parler, auraient l'obligeance de faire connaître leurs intentions au Notaire sus-nommé ou à moi-même. Elles pardonneront de se voir citer en quelque sorte à bref délai. C'est qu'ici, on peut dire avec nos voisins d'outre-Manche : « Time is labour, time is life; le temps est du travail, le temps est de la vie. »

---

[13] Pour une « somme confiée » de cent francs, il suffirait de cinquante *adjutores,* ou même de dix pour une somme de cinq cents francs. Dans cette dernière supposition, il y aurait lieu de faire connaître les garanties que présentent mes droits de propriété sur plusieurs des publications dont je donne ci-après la liste, et il ne serait que juste de tenir compte des arrérages.

[14] M. Ernest Bazin, notaire à Bray-sur-Seine (Seine-et-Marne), qui veut bien se charger d'en régulariser le compte, en mon nom.

[15] Je dois dire que je n'ai d'engagement avec personne pour cette publication.

A MES ANCIENS ÉLÈVES.

Mes anciens et chers élèves, qu'il y ait urgence du côté d'un éclaircissement historique universellement réclamé, depuis trois ans surtout (*Lettres d'un Laïque*, page 25), et aussi du côté des forces de votre vieux professeur, je n'ai pas à vous l'apprendre, je n'ai pas à vous en convaincre.

Je parle dans les lignes qui précèdent des volumes de Claudius, dont je ne vous ai jamais entretenus, et dont vous avez pu ignorer que je fusse l'auteur. Je n'ai jamais, vous le savez, rien voulu mêler, dans mon enseignement, qui fût étranger à l'ensemble de vos Cours, ou qui pût contrarier une seule des leçons que vous aviez à recevoir. — Quant aux *Lettres d'un Laïque*, qui ont paru depuis peu, vous pouvez ne pas les connaître encore. Je ne vous en dis rien ; je vous laisse en juger par vous-mêmes.

Veuillez transmettre cet Exposé à ceux de vos condisciples auxquels il ne serait point parvenu. Eux et vous, même après un long silence, fideli silentio, me trouverez toujours le même, toujours prêt à vous seconder. Mes vœux vous suivent. Cette Communication dit assez quelle opinion j'ai de vous et de vos amis. L'un de vos aînés, dédiant sa thèse de droit à ses parents, a cru devoir y inscrire mon nom après le leur, comme celui d'un second père [15 bis]. Ces sentiments répondent à ceux que j'ai pour vous. Je sais que vous agirez en fils. Par vous seuls, s'il en était besoin, le travail promis cesserait d'être « impossible ».

Plus d'un de mes anciens Collègues voudra se joindre à vous, au nom de souvenirs que les années et l'éloignement n'ont effacés ni de leur part ni de la mienne. Soyez mes interprètes auprès d'eux, et aussi auprès de vos familles.

[15 bis] Hélas ! au moment où je corrige cette feuille que je pensais pouvoir être prochainement entre ses mains, une lettre de sa pauvre mère, datée d'hier 16 août, m'apprend la perte qu'elle a faite... Cher Édouard Serrurier, victime de ta piété filiale, reçois ici de moi, reçois de chacun de nous, un adieu d'ami. Nos larmes ne peuvent dire ce que tu étais pour nous, ce que nous perdons en toi ; elles seront comprises de ceux qui t'aimaient. Que n'ai-je pu, orphelin dès l'enfance, te préparer au coup terrible qui est venu te frapper ! Je parlais de toi, je te parlais à toi-même, et tu n'étais plus !

AUX LECTEURS DE CLAUDIUS.

Je voudrais m'adresser aux Lecteurs de Claudius, mais je l'ai déjà fait ci-dessus. Ils ont, je l'ose croire, reconnu cette préoccupation du côté général des questions qui leur a plu jadis, cette répulsion pour le faux, ce besoin d'introduire, de répandre la vérité, qui est, du reste, le caractère de notre époque et l'un de ses meilleurs titres.

Je n'ai pas besoin d'insister soit auprès des maîtres éminents dont les volumes de Claudius ne faisaient que résumer les leçons, soit auprès de ceux qui, fort jeunes alors, ont dépassé leur guide et dont quelques-uns sont aujourd'hui des maîtres illustres.

Dans l'appel que je leur fais, au nom d'une question qui s'impose à la pensée, sans distinction de nationalité ou de parti, ils verront la confiante sincérité d'un vétéran de l'instruction élémentaire, qui n'a jamais ambitionné d'autre honneur que leur estime. Si je connais bien leurs sentiments, ils n'auront pas à délibérer longtemps pour « s'efforcer d'aider » une élaboration aussi délicate, non point « par tous moyens, » comme le dit le grand Penseur, mais par le moyen qui semble le plus prompt, le plus simple, le moins onéreux, le plus à la portée de tous. Trente et un ans écoulés depuis le Rapport fait à l'Hôtel de ville par M. H. Carnot sur les premiers volumes de Claudius [16], me feront pardonner cette sorte d'impatience de me remettre à une œuvre dont le temps semble venu.

[16] Séance générale de la Société pour l'instruction élémentaire, mai 1835.

AUX LECTEURS DES LETTRES D'UN LAÏQUE.

Aux Lecteurs bienveillants des *Lettres d'un Laïque,* je dirai :
C'est déjà pour moi de votre part un grand encouragement que vous ayez bien voulu prendre acte de ma promesse, que vous me fassiez l'honneur de la rappeler, et que vous teniez à ce que je la remplisse au plus tôt[17].

Je sens toute la disproportion qu'il y a entre une vérité historique de quelque portée, et une individualité aussi humble que la mienne. Mais déjà cette vérité m'a prêté quelque peu de sa force dans le volume que vous venez de lire, et elle me soutient en ce moment où je demande pour elle une sorte de crédit intellectuel, une action coopérative. L'union des amis du vrai, dont j'ai parlé (page 303), ne saurait être mieux marquée que par une « assurance » mutuelle et fraternelle contre les obstacles qui peuvent empêcher une vérité acquise d'être connue. Dans une investigation du genre de celle que vous voulez que je continue, où l'on serait heureux de voir poindre à travers les ténèbres une faible lumière, il ne faut

---

[17] Je me bornerai à citer quelques lignes (sans accepter ce qu'elles ont de trop flatteur) d'une lettre de M. Havet, professeur au Collége de France, à qui ses études spéciales donnent une autorité particulière en ces matières : « Voilà un livre plein de vérités, et de vérités qui ont passé par un esprit non-seulement très-droit, mais très-vif, qui les dit de manière qu'il n'y a pas moyen, ce semble, d'échapper à la conviction. Tous les amis de la raison vous en remercieront de grand cœur... Aujourd'hui je n'ai qu'un regret en vous lisant, c'est que vous ne nous donniez qu'un préambule, et qu'après les trois premières lettres qui conduisaient naturellement à l'ouvrage que vous promettez, vous vous soyez laissé détourner par l'Encyclique ; non que vous ne la commentiez de la bonne manière, mais j'aurai encore plus de satisfaction à vous voir commenter la Bible. Dans le peu que vous nous donnez, non-seulement votre critique de détail est irrésistible, mais j'ai vivement apprécié la philosophie critique de la seconde lettre. Rien n'est plus lumineux et plus pénétrant que ce que vous dites de la contradiction qu'il y a à vouloir que Jésus soit historique, et à rejeter d'une étude sur Jésus tous les éléments de l'histoire... »

pas que sous un souffle ennemi cette lumière devienne inutile, ou qu'elle risque de s'éteindre. Il faut qu'elle garde au moins le peu qu'elle a de clarté, et que, la prenant à leur tour, d'autres puissent aller plus loin et découvrir davantage.

Enfin je dirai à mes Amis connus et inconnus :

Un travail d'utilité commune « impossible sans l'aide d'autrui », suivant le mot de Descartes, vous devra de ne pas rester inachevé. C'est à ce travail même de justifier la part que vous aurez bien voulu prendre « à ses intérêts », c'est à lui de vous témoigner toute ma reconnaissance,

Me rendre à ce travail est un service dont je ne pourrai jamais trop vous remercier.

Ch. RUELLE.

Ce 1er août 1866.

Bray-sur-Seine (Seine-et-Marne).

# APPENDICE

I.

J'ai dû faire abstraction dans les lignes qui précèdent

1° de divers ouvrages publiés :

> *Grammaire latine,* 1846, un vol. in-8° de 435 pages, adoptée pour les Bibliothèques des Lycées; médaille d'or de la Société des arts et des sciences de Lille.
>
> *Le nouveau Lhomond, Grammaire latine;* 2ᵉ édition, 1854, un vol. in-8° de 365 pages.
>
> *Le nouveau Lhomond, Grammaire Française.* 1856. In-12.
>
> *Grammaire des Écoles primaires,* ouvrage autorisé par Arrêté du 30 juillet 1860. 8ᵉ édition. Librairie P. Dupont. (En collaboration.)
>
> *Exercices de la Grammaire des Écoles primaires;* 5ᵉ édition. Librairie P. Dupont. (En collaboration.)
>
> *Fables choisies de La Fontaine,* avec notes et remarques; *La Fontaine des Écoles primaires,* 2 vol. in-12. 4ᵉ édition. Librairie P. Dupont. Médaille de la Société pour l'instruction élémentaire, etc.

2° de divers ouvrages inédits :

> Un *Vocabulaire méthodique de la langue latine,* donnant les étymologies du latin, du français et de la plupart des langues modernes; successivement amélioré depuis que M. Egger, en 1850, me fit l'honneur de l'examiner, et m'engagea à le compléter.
>
> Le *Lectiones latinæ,* annoncé dans la Grammaire latine; communiqué à feu M. Ozaneaux, et approuvé par lui.
>
> Un volume d'extraits (*Récits, descriptions et portraits...*). Prêt pour l'impression.

Un *Choix de Fables de Florian*, avec notes et remarques, sur le plan du La Fontaine. Prêt pour l'impression.

Les Sept Sages de la Grèce; traduit de Diogène Laërce. Prêt pour l'impression.

Scheda regia d'Agapet (en grec et en français, avec notes philologiques, rapprochements des auteurs grecs, latins, français, etc.); traduction faite d'après un manuscrit de la Bibliothèque impériale, à l'invitation de M. Vincent, membre de l'Institut. Prêt pour l'impression.

J'omets plusieurs Études littéraires et diverses traductions, notamment celle des *Conversations on Chemistry*, 2 vol. — Parmi les compositions imprimées, j'aurais pu mentionner des discours sur *l'art d'écrire*, sur *l'ensemble des études universitaires*, sur les *collèges communaux*, sur les *hommes célèbres de la Charente*, et six fragments d'un livre intitulé : *Tableau des connaissances humaines*.

II.

LA SCIENCE POPULAIRE DE CLAUDIUS.

Les volumes de la *Science populaire de Claudius*[18] sont au nombre de trente-six. En voici les titres :

Sur le poids de la masse de l'air.
Sur la composition de l'air.
Vie et voyages de Christophe Colomb.
Sur les variations de l'histoire.
Histoire de l'électricité. 1re partie. Tom. I.
Histoire de l'électricité. 1re partie. Tome II.
Voyage à Tombouctou.
Histoire de la Bible.
Les Espagnols en Amérique.

[18] Publiés de 1836 à 1841 par Jules Renouard. Le premier tirage seul, à quinze cents exemplaires, donnait cinquante-quatre mille volumes. La librairie Renouard pourra dire le nombre des tirages subséquents.

Histoire de la terre.
Histoire des Francs de Grégoire de Tours.
Sur la botanique.
Sur la vie de Franklin.
Sur les premiers voyages autour du monde; voyages de Magellan et
de Drake.
Deuxième expédition du capitaine Ross dans les régions arctiques.
Sur l'hygiène.
Sur une lecture de la Bible.
Sur les chemins de fer et les voitures à vapeur.
Histoire de l'électricité. 2e partie. Galvanisme.
Voyage de Marco Polo, dans le xiiie siècle.
Composition de l'eau.
Sur les aérostats.
Sur l'éclairage au gaz.
Sur la lampe de sûreté.
Sur la structure du corps humain.
Sur le voyage de La Pérouse autour du monde.
Sur les cristaux.
Mémoires du sire de Joinville.
Sur les maladies mentales.
Sur l'aimant.
Pompéi et Herculanum.
Sur la chaleur.
Histoire de l'électricité, 3e partie. Électro-magnétisme.
Sur la lumière. 1re partie.
Sur la lumière. 2e partie.
Sur l'obélisque de Louqsor.

Vingt-quatre des volumes de Claudius ont été honorés de mé-
dailles de la Société pour l'instruction élémentaire. La Collection
fut présentée, en 1840, à l'unanimité, par une Commission de
l'Académie Française pour le prix Monthyon.

Comme on l'a vu ci-dessus, le volume *Sur l'Évangile* (1838) est
resté inédit.

Sont de même restés inédits deux volumes *Sur le voyage de
Victor Jacquemont dans l'Inde*, un volume *Sur l'ensemble de l'histoire
de France*, et un volume *Sur les Expositions de l'Industrie*.

III.

LETTRES D'UN LAÏQUE.

Les *Lettres d'un Laïque* ont paru le 4 avril 1866 à la librairie C. Reinwald, en un volume in 8° de xi-305 pages, sous le titre suivant :

> *De la Vérité dans l'histoire du christianisme, Lettres d'un Laïque sur Jésus*, par Ch. Ruelle, auteur de la *Science populaire de Claudius*.

Ce volume, dédié à M. Renan, membre de l'Institut, renferme *La Théologie et la Science,* — *M. Renan et les théologiens,* — *La résurrection de Jésus d'après les textes,* — *Lecture de l'Encyclique.*

PARIS. — J. CLAYE, IMPRIMEUR, RUE SAINT-BENOIT, 7.